ज़िंदगी का सफर

गेहर सिंह ठाकुर

Copyright © Gehar Singh Thakur
All Rights Reserved.

क्रम-सूची

क्रम-सूची

भूमिका

ज़िंदगी के फेरबदल का शुक्रिया, जो मुझे एक लेखक और कवि बना दिया। मेरे इस सफर में मेरे साथ मेरे माँ-बाप हमेशा रहे, हर मुश्किलों और हम मोड़ पर। 6 साल लगे मुझे इस किताब को पुरा करने में, क्योंकि ज़िंदगी के हर फेरबदल के साथ मैं भी बदल जाता था। कभी सोचता कहीं काम की तलाश करुं और सरकारी नौकरी की तैयारी कर लूं। लेकिन न कहीं काम कर पाया और न ही सरकारी नौकरी की तैयारी कर पाया था। क्योंकि बीच बीच में लगता था कि मुझे यह सब नहीं लेखक का काम करना है जो मुझे पसंद भी है। माँ-बाप ने इन सब के बीच मुझे वोही करने को कहा जो करना चाहता था। हाँ यह तो था कि माँ बाप की ख्वाईश थी कि मैं सरकारी नौकरी में लग जाऊँ , और आज भी कहते है।

मेरे दो दोस्तों का भी दिल से शुक्रिया, हैप्पी और चौवे यही उन दोनो के नाम है। उन्होने इस सफर में मेरी बहुत मदद की। एक बक्त के लिए मुझे काम की ज़रुरत थी, और मैं काम के लिए चण्डीगढ़ चला गया था। मैं खुशनसीब था, दोनो मेरे साथ थे और वहाँ रहने का सारा इंतज़ाम उन दोनो ने ही किया था। हैप्पी ने मेरा रिज़्युम तैयार किया था, जो मुझे नहीं आता था। उसने ही मुझे लिंकडइन के बारें में बताया था और वहीँ से काम के लिए आवेदन किया था। चौवे, हमेशा मेरा फाइनेशियल सुपोर्टर था। जब भी ज़रुरत होती , मुझे जितने पैसे चाहिए होते थे दे देता था। कुछ भी नहीं पुछता था किसके लिए चाहिए। फिर से दोनो का शुक्रिया ।

तीसरा शुक्रिया, ज़िंदगी के हर पलों का। इसी से मुझे लिखने की इन्सपीरेशन मिलती थी। कहीं भी कुछ होता तो ज़हन में आता था, यह लिख लूँ। और उसी से आज मैं यह बन पाया हूं।

शायद यह न होते तो मैं लेखक बन ही नहीं पाता कभी भी। उन सब का शुक्रिया जो मेरे सफर में शामिल थे। कुछ लोगो को मालुम भी नहीं होगा, कि उनके होने से ही मैं यह बन पाया हूँ।

1. अभी बाकी है

पहला कदम रास्ते मे आगे रखा है
दूसरा कदम अभी उठाना बाकी है
अभी खिड़कियों से आने दी है हवा
संग हवाओं के बह जाना बाकी है
तिनके तिनके समेटे है यूं ख्वावों के
ख्वावों का आशियाना बनाना बाकी है
ख्वावी की ज़िन्दगी अभी जीना बाकी है
अभी बाकी है अभी बाकी है।
गिर जायेंगे राहों मे चोटें भी लगेगी
सांसे थकेगी और धड़कने भी बढ़ेगी
गिरना है पर रूकना है नही मुझे
धीरे धीरे चलते राहें भी तो चढ़ेगी
दिवारें है विचारों की उनको गिराना बाकी है
सरहदें है दरमियां ख्वावों के मिटाना वाकी है
मुश्किलों भरी ज़िंदगी अभी आना बाकी है
अभी बाकी है अभी बाकी है।
बारिश होगी तो फिसल जायेंगे हम
धूप हो तो सुलग जायेंगे हम
बुंदे बरसे आंखों से बहने ही देंगे
मोतियां सा हथेली पे रख जायेंगे हम
पागल है दिल परेशान समझाना बाकी है
ना माने मेरी फिर इसे बहलाना बाकी है
थोड़ा सा हंसाना थोड़ा सा रूलाना बाकी है
अभी बाकी है अभी बाकी है।

ख्वावों की स्याही पन्नो पे उतर आयी है
ख्वावों की कश्तिया बनने लगी है
सागर के किनारे को छोड़ जायेंगे हम
मझधार मे कितने उफान भरने लगी है
छुटे खाली पन्नों का भर जाना बाकी है
समंदर के सैलाव मे तैर जाना बाकी है
सांसे अभी ज़िंदा है मर जाना बाकी है
अभी बाकी है अभी बाकी है।

2. ऐसा क्यों है?

क्यों हर पल दिल में मेरे
जागे रहते है यह अंधेरे
होते ही है न जिनके सवेरे
जीने की फुरसतें की ढूंढे
भटके ही रहते है रास्ते मेरे
ऐसा क्यों है ज़िंदगी में मेरे
दूर वोह आसमान से
एक रोशनी जो आयी है
दिल की दिवारों तक
क्यों पहुंच न यह पायी है
रेत सी उड़ती यहां वहां
वोह धुंधली सी परछाई है
पहचानें न आईने में खुद को
जाने है यह किसके चेहरे
ऐसा क्यों है ज़िंदगी में मेरे
साया कोई साथ रहता है
मुझसे कुछ नही कहता है
ख्वावों में आता गुम हो जाता
भीगती बारिशों में संग बहता है
कैसी खामोशी मुझमें समाये बैठी
जवाब देना चाहूं अलफाज़ बर्फ से जमें
ऐसा क्यों है ज़िंदगी में मेरे

3. कल न आने वाला ज़िंदगी का नाम है

ख्वावों में गुज़रती है वोह रातें
उड़ते धुएं में गुनगुनाती शाम है
बिते लम्हो में ले जाती है
आने वाले कल का पैगाम है
आज में ज़िन्दगी है जीनी है मुझको
कल न आने वाला ज़िन्दगी का नाम है
कल न आने वाला ज़िन्दगी का नाम है
प्यार है किसी को अगर
आज वोह उनसे इज़हार कर ले
सफर सबका है जाना भी है
कल को तुम्हे न बेकरार कर ले
छुपाते रहोगे खुद को दर्द होगा
वोह तो गुज़रता हुआ आराम है
मिल न पायेगा कल फिर तुमको
कल न आने वाला ज़िन्दगी का नाम है
कल न आने वाला ज़िन्दगी का नाम है
रह जायेगी यादें यहां पे तुम्हारी
अलविदा कह दोगे इस जहां को
जला देंगे या दफना देंगे यहां
मिट जाना तेरे हर निशान को
वटोरनी है कितनी खुशियां तुमको
सांसे भी थमती हुइ कुछ पल की मेहमान है

गेहर सिंह ठाकुर

कल न आने वाला ज़िन्दगी का नाम है
कल न आने वाला ज़िन्दगी का नाम है

4. कितनी अजीब है?

लोगों से पुछते वोह जानते ही नही
अजनबियों में कहीं अपने गुमनाम है
लोग भरे है महफिलों में हंसते हुए
हम गुमसुम है कितनी अजीब लगती शाम है
रास्तो पे हम चले मुड़े थे तुम उस मोड़ पे
उम्र भर का वादा किया फिर भी चले गये छोड़के
इंतज़ार कितना हुआ वोह लौटे ही नही
कहा था उनको किन्ही गैरो से काम है
हम गुमसुम है कितनी अजीब लगती शाम है
कितने सालों बाद फिर मिले राहों के किसी मोड़ पर थे
दोनो ने हाल पुछे ही नही देखते रहे नज़रें भर के
हम मुसाफिर थे हमसफर नही वोह साथ हमसफर के
मुसाफिर थे ज़िंदगी के सफर के फिर हुए क्यों परेशान है
हम गुमसुम है कितनी अजीब लगती शाम है
दबे थे धूल में पुराने पन्ने मेरी कहानी के
हवा के झोंके ने उड़ा दिये पन्ने पन्ने बिखेर दिये
लिख न पायेंगे फिर कभी न समेट के मिलेगा कुछ भी
लौट के बक्त आता नही इससे कौन कहां अनजान है
हम गुमसुम है कितनी अजीब लगती शाम है
सांसो की उम्र घटती जा रही यादो के सिरे खुलते रहे
दिवारे खाली घर खाली आंखो में नमी भरते रहे
डर लगता है सब गुज़र जायेगा साथ मेरे सब खो जायेगा
अलविदा कहकर भुल जायेगे शायद मेरा भी कोई निशान है
हम गुमसुम है कितनी अजीब लगती शाम है

गेहर सिंह ठाकुर

5. कितनी कोशिशें

कितनी कोशिशें की तुझे पाने की
हर मोड़ पर नाकामी हासिल हुई
कल से कल हुआ खत्म सफर हुआ
राहों से राहें जुड़ी मगर मंज़िल न हुई
कितनी कोशिशे की तुझे पाने की ऐ ज़िंदगी..
थके थमें मगर घर से चलते रहे सफर में
खाली मकान टुटा खाली कोने थे घर में
क्या होगा क्या मिलेगा हमें इस मंज़र में
शायद वोह मिलेगा हमें गये थे जिस शहर में
हम काबिल न हुए ज़िंदगी काबिल न हुई
कत्ल किया मैनें खुद का ज़िंदगी कातिल न हुई
कितनी कोशिशे की तुझे पाना की ऐ ज़िंदगी..
भीड़ थी खाली थी राहें जितनी भी थी
खामोशिया थी क्या था खाली वाहों में
कभी कोई अजनबी मिल जाये महफिलें बने
मौहब्बत के दो घुंट भर देते निगाहों में
सिलसिला था कुछ पल का फिर वोह महफिल न् हुई
जो गुज़र गया ज़िंदगी में फिर वोह शामिल न हुई
कितनी कोशिशें की तुझे पाने की ऐ ज़िंदगी....

6. कितनी दूरियां है ?

कितनी कश्मकश है दरमियां दोनो के
कितनी दूरियां है देखने को करीब है
टुकड़े दिल के दो हुए है
आते नज़र बस एक ही है
वैठे साथ में है दुनिया के
एक साथ रहना हुआ अजीव है
कितनी दूरियां है देखने को करीब है
बुला ले उनको अपने दर्दों में
माना की हमदर्द वोह नही रहे
सफर कैसे होगा तय साथ मे
जब की वोह हमसफर नही रहे
राहें मेरी है सफर उनका भी है
खुदा की रहमते है अपनी तकदीर है
कितनी दूरियां है देखने को करीब है
निभा न पायेंगे हम साथ छोड़ रहे है
जिस डोरी से बंधे है उसे तोड़ रहे है
उसका है जो भी उसको लौटा देंगे
जो मेरा है वोह उसे मोड़ रहे है
वोह शाम में तनहा वैठी है वहां
मुझमें भी बनी खामोशी की तस्वीर है
कितनी दूरियां है देखने को करीब है

7. क़ोरा क़ाग़ज़ रह गया है !

धुंधली धुंधली तस्वीर हुइ है आज
वजह आंखो का पानी है या गिरती हुइ बारिश
धुआं धुंआ ख्वाव हुए है आज
बजह मिटती हुइ लकीर है या टुटती हुइ ख्वाइश
ख्वावों की ही तो बनायी थी तस्वीर वैठे खिड़की पे
कोरा कागज़ रह गया है मिट गयी है नुमाईश
बनायी थी उस वक्त जब खिड़की पे वैठा था परींदा
आयी थी बहारें कही से गुलज़ार हुआ था ज़िन्दा
महका हुआ था समां चाँद की चाँदनी में
दिल की दिवारों पे दस्तक देकर वोह कही गुम हुआ
ढूंढा था जिसे झांकके दिल के कोने में
तावीर वनी थी उसकी दिल की थी फरमाईश
कोरा क़ाग़ाज़ रह गया है मिट गयी है नुमाइश
छोड़ दिया खिड़की पे आना फिर कोइ तस्वीर न बने
अंधेरा कोना ढूंढा है जहां कोइ चाँदनी न पहुंचे
आती नही है महक अब उस गुलज़ार की इन हवाओं से
खिड़कियां दरवाज़े इस दिल के बंद करके है रखे
दफनाकर आये है दिल के ख्वावों को कबर में
दिल की कबर से आना बंद हो गयी है गुज़ारिश
कोरा कागज़ रह गया है मिट गयी है नुमाइश

8. खुद के हाल में जीने दो

दुनिया कहती है कहने दो

मुझे खुद के हाल मे जीने दो

लोग जीते है ज़िन्दगी समझके कोई रास्ता

मुझे भी मेरे सफर मे रहने दो

मुझे खुद के हाल मे जीने दो

माना सपने देखते है गिरते वहां

खुश होते है अपने ही जहान में

हमसफर बने तो खुशी हमे भी होगी मिला है कोई

मेरी खुशियों में रवां हुए हर शाम मे

साथ चले है बनके हमसफर मेरा

तनहा है तो इस कारवां में चलने दो

मुझे खुद के हाल मे जीने दो

खाली होती है शामें यारों बिना

खामोशियों की सजी हुई है मेरी महफिलें

ज़िंदा है उनकी यादो के सहारे आती हर शाम में

थमती नही सांसे रुकती नही है धड़कने

आसरा बनी है जीने की यादें सभी

इन्ही बनी आदतों मे मुझे मरने दो

मुझे खुद के हाल मे जीने दो

9. ख्वाईशों में जीना

छुपे है ख्वाइशों के समंदर दिलों मे
दो बूंदो से करते ज़िंदगी में गुज़ारा है
हर ख्वाइशें पुरी हो मुमकिन नही होता
ख्वाइशों मे जीने का हक तो हमारा है
जमीं भी और फलक के चाँद सितारे
आंखो में बसे सपनो का खेल खिलारा है
ख्वाइशों में जीने का हक तो हमारा है
सफर में सम्भाल के पांव पसारे है हमने
कांटें फिर भी पांव में चुभन दे जाते है
कब तक सम्भालते रहै खुद को ज़िंदगी मै
कभी कहीं पे कदम ही सुलगन दे जाते है
इसे फर्क नही पड़ता हमे क्या हुआ
खुद खुद से कहती हम भी आवारा है
जिये शामे दिन गुजारे आवारगी में
ख्वाइशों में जीने का हक तो हमारा है
खुदा से मिलेंगे क्या मालुम हमे
क्यों खुदा के नाम ज़िंदगी कर दे
खुद की ज़िंदगी मे ख्वाइशो की हो जगह
खुदा भी उसकी ख्वाइशें रंगो से भर दे
ख्वाइशों में जीना ख्वाइशों में मरना
आखिरी सांसो तक हमे येही गवांरा है
जीने का सफर कितना हंसी होगा
कितना खुशनुमा ज़िंदगी का नजारा है
ख्वाइशों में जीने का हक तो हमारा है

गेहर सिंह ठाकुर

10. जब इश्क का होना हो

कर लो इश्क से दुर अपनी रहगुज़र

जब होना है यह खुद ही पास बुलायेगा

नही गुज़रता सफर कोइ तो हमसफर

चलते चलते राहों में वोह मिल जायेगा

अधूरा लिखा होगा या पूरा नही जानता कोइ

ज़िन्दगी में इश्क का पन्ना खुल जायेगा

जब इश्क को होना हो इश्क हो जायेगा

दर्द है इसमें आंखें भी तो छलकेंगी

धड़कने है थमती नही ज़िन्दा है धड़केंगी

मोहबत किससे हो यह मालूम होता है नही

मगर मोहब्बत में सासें किसी के लिये तड़पेगी

दिल दरिया है पानी की तरह बह जायेगा

मोहब्बत की भीगती बारिश में फिसल जायेगा

जब इश्क को होना हो इश्क हो जायेगा

राहे तेरी मन्ज़िल तेरी वोह बन जायेगी

शामिल होगी इस तरह तस्वीर न हट पायेगी

दूर हुआ तुमसे जो खुद दफन कर लोगे

उनकी यादें कभी दिल से न मिट पायेंगी

इश्क फिर से किसी को रूला जायेगा

मानेगा नही कहानी किसी मोड़ पे दोहरायेगा

जब इश्क को होना हो इश्क हो जायेगा

11. जान दिल की

तू बातों में है मेरी
तू हंसी में तू ही चुप्पी भी
खुशी मेरे जहां की है सारी
रहती आंखों में जो वोह नमी भी
धड़कने मेरी है सांसे तेरी
जान तु ही मेरे दिल की
जान तु ही मेरे दिल की
बारिश का मौसम आने लगे
साथ तेरे हम भीग जायें
शाख से जुड़ा में वोह पत्ता
धूप की तपिश में सुख जाये
मुरझा के पतझड़ो में गिरा ज़मीन पर
दोवारा ज़िंदगी मिले इसी शाख से जुड़ी
जान तू ही मेरे दिल की
मैं राही रास्तों के संग चलूं
तू सफर है मंज़िल का
में नाव ले चला मझधार में
तु किनारा है सागर का
छुटे जो किनारा कभी डूब जायेंगे
साथ न छोड़ोगी इतना करते है यकीन
जान तू ही मेरे दिल की

12. ज़िंदगी के लम्हें

थोड़ी थोड़ी धूप खिली है
थोड़ी थोड़ी हुइ है बारिशें
हल्की हल्की मुस्कुराहटें है चहरे पे
मधम सी नम हुई है पलकें
कुछ पल में छाई है उदासी
अगले पल है खुशी के
छोटे छोटे पलो को जोड़के
बन गये है ज़िन्दगी के लम्हें
लहरों को छूने वैठे सागर किनारे
रातों की चाँदनी में गिन रहा तारें
कोई उड़ रहा आसमानों में
कोइ नगें पांव चल रहा सड़कों पे
ख्वाइशों का समन्दर डुव जाते है
आती है मुश्किले हर मोड़ पे
छोटी छोटी राहो पे जो मिलता है
बन जाते है ज़िन्दगी के लम्हें
खाली वक्त होता मुश्किल सा
उड़ा ले जाती सारा जो आती हवा
आता जाता जाने कहां गुम हुआ
धुआं सा हो जाता है समां
ज़ख्म दिखते नही चोटें ऐसी
दर्दों में ढुढने से दवा न मिले
कुछ कम मिले मरहमो मै हो जिन्दा
बन जाते है ज़िन्दगी के लम्हें

13. जो भी खुशियाँ

इस जहां कि जमीन आसमान की
जो भी है खुशियाँ यार लाये हो
खिलता है खुशबूओं सा बिखरता है हवाओं सा
मेरी ज़िन्दगी का गुलज़ार लाये हो
जिसकी कमी थी रही वाकी
वोही ज़िन्दगी वाला प्यार लाये हो
जो भी है खुशियां यार लाये हो
मिला हूं तूमसे अपनो सा लगा है
दुनिया की भीड़ में मानो ठगा सा है
डरता था दुनिया से नज़रों को मिलाने से
दुनिया को तेरी आंखो से देखा है
हम तो वेरंग थे अंधेरी रातों के
सुवह के रंगो को ज़िन्दगी में वेशुमार लायें हो
जो भी है खुशियां यार लाये हो
खुद से डरते जीते थे न मरते थे
मौत के आने का इंतज़ार करते थे
चुप वैठे ही रहते जितना दर्द सहना सहते
दिल के कोने में सब दफन सढते थे
मौत भी तो अदा है ज़िन्दगी जीने की
जीने की अदा भी तुम्ही सिखाये हो
जो भी है खुशियां यार लाये हो
जो भी है खुशियां यार लाये हो

14. ठहरती नहीं एक पल को

दौड़ती यहाँ भागती वहाँ है ज़िन्दगी
ठहरती नही है एक पल को
कही छुटे न यह न छुटे वोह
कुछ भी न रहे आने वाले कल को
वोझ है लगती फिर भी यह ज़िन्दगी
कभी दिखाती नही होने वाले छल को
ठहरती नही है एक पल को
क्या दे जायेगी क्या ले जायेगी
कुछ भी तो हमें नही है पता
सब भूल है उड़ती हुइ धूल है
कब किससे हो जाये क्या खता
जो मुठ्ठी में है सब रेत है
हवा के झौंके में हो जाता लापता
जो ख्वाव है इस ज़िन्दगी के
होंगे क्या हमें है हासिल वोह
कभी वुलाती नही उस ख्वाव में
ठहरती नही है एक पल को
कितने रास्ते है क्या हमसफर है
कहां मोड़ है कब राहें वांटे है
सफर होगा तनहा या भीड़ होगी कही
ना जाने कब आते है कब जाते है
एक दिन भूल जाते जब मर जाते है
कहानी बने कोइ कुछ किस्से रह जाते है
लिखा हुआ मिट जाता ज़िन्दगी के पन्नो से

खत्म हो जाती वोह तेरी मन्ज़िल हे जो
मौत आखिरी राह है इस ज़िंदगी की
ठहरती नही है एक पल को

15. ढूंढ लाऊं मैं

खो गयी है तारों में कहीं

कौन सा तारा तोड़ लाऊं मैं

कोइ उसका पता दे दे मुझे

जाके उसे कहीं ढूंढ लोऊ मैं

दिन मेरे वेचैनी में है रातें मेरी जागती है

कोइ वता दे मुझे उसके बिना

यह लम्हे कैसे बिताऊं मैं

कोइ उसका पता दे दे मुझे

जाके उसे कही ढूंढ लाऊं मैं

जो साथ थे वस दो पल के

अब ठहरे कही विना हमसफर के

आज मैं बस रूका हूं वहीं

जितने चले थे वोह चले कल थे

उसके बिना राहें नही उसके बिना सपने अधूरे हे

जो मन्ज़िल है कोसो दूर है

खाख लगता है जो भी पाऊं मैं

कोइ उसका पता दे दे मुझे

जाके उसे कही ढूंढ लाऊं मैं

वहारों में हवायें वह रही है

मुझमें भी सांसे तो चल रही है

रूह मेरी लाश वनी है लेकिन

न जाने किस मक्सद से जी रही है

मरता हूं उन्ह यादों मे ज़िन्दा हूं उन्ह वातों में

कहती है वोह दुआँये मेरी

उनको खोने से पहले मर जाऊं मैं
कोइ उसका पता दे दे मुझे
जाके उसे कही ढुंढ लाऊं मैं

16. तेरी आदतें

दिन बीत गये रात भी बीत गयी

हारा में खुद से तेरी आदतें जीत गयी

भुला दुंगा तुझे कुछ दिनों में वादा था

वोह वादे हुए झुटे तेरी यादें यही पे रही

हारा में खुद से तेरी आदतें जीत गयी

दुनिया देखती मुझको अकेला तनहा

शामिल था मुझमें तु ही हर लम्हा

शामों में था मेरे कामो में भी

रातों में मेरी बातों में था बीता समा

नज़रों में लोगी की भुला चुका तुम्हे

खामोशी में रोये हंसते ज़िंदगी गुज़र रही

हारा में खुद से तेरी आदतें जीत गयी

वादा था मेरा तेरे जाने पे भुला दुंगा

तेरी कहानी के सारे पन्ने जला दुंगा

कहीं दफन हो गयी है कबर में तू

किसी कबर में यादों को दफना लुंगा

जब तक सांसे है यह यादें रहेगी

मेरी ज़िंदगी ऐसी किस्मत लिख गयी

हारा मैं खुद से तेरी आदतें जीत गयी

17. थोड़े लम्हें रह गये ज़िन्दगी के

थोड़े लम्हें रह गये ज़िन्दगी के है
आ खुशियों में इन्हें संग वांट ले
अब तक तू मेरा हमसफर है
वाकी सफर भी तेरे संग काट ले
जितने वाकी है काफी है जीने के लिये
थोड़े लम्हे रह गये ज़िन्दगी के है
अब तक जो विताये तेरे साथ में
उनकी यादें भी तो संग लिये है
खुशियों की वारिशें वरसी है इसमें
पड़े गमों के भी हमपे छींटे है
साथ हम थे हंसते रोते गुज़रे थे
खुशियों गमों की वारिशों में साथ भीगे है
आ फिर भीगें दोनो इस वारिश में
थोड़े लम्हे रह गये ज़िन्दगी के है
कब कहां सफर थम जाये क्या पता
सांसे भी तो मेहमान होती दो पल की
आज है हम दोनो का जीना है जो
खवर कहां होती है आने वाले कल की
जो छुटा हाथ हाथो से मिलेगे कहां दोबारा
पलकें भारी होगी आंखें रह जायेगी छलकी
आ मिल ले अभी साथ में थोड़ा रो लेते है
लगा गले भुले दुनिया साथ में सो लेते है

गेहर सिंह ठाकुर

लम्हे थोड़े रह गये ज़िन्दगी के है

18. थोड़े से वक्त का

थोड़े से वक्त का था सिलसिला

हाँ हमे तुम्हे कुछ तो था मिला

थोड़ी सी हँसी कुछ पल की खुशी

थोड़े नगमे ग़मो के

बाकी कुछ तो रहना था शिकवा गिला

थोड़े से वक्त का था सिलसिला

थोड़े से वक्त का

साथ था राही का फर्क कहां था जो भटके

मज़ा था उन्ह भुली भटकी राहों का

वोह सफर में था हमसफर में नही

मेहमान था अगले मोड़ का बिछड़ना ही था

कल की ही यादें है नमी से भरी आंखे है

खामोशी से भरी पड़ी बातें है

वाकी सफर है चलना है साथ है खामोशियों का

थोड़े से वक्त का था सिलसिला

थोड़े से वक्त का

आवारा यार थे क्या वोह प्यार था

न जानते थे आवारगी में ही जीते

कल में कल की फिकरे न थी

आज कल की फिकरों में आवारा फिरते

कल की आवारगी में ज़िंदगी थी न दुआ की

दर्दों में न वैध् न दवा थी

वाकी ज़िंदगी में जीना है है दवा है दुआ

थोड़े से वक्त का था सिलसिला

गेहर सिंह ठाकुर

थोड़े से वक्त का

19. दम घुटता इस शहर मे

खिलती है धूप गुनगुनी सी दोपहर की
शामों में सुकुन की हवाएं भी गुज़रे ठहर के
गुज़रे से ना गुज़रे तेरे बिना यह लम्हें
लगता है गुज़री है सदियां एक पहर में
लगती सांसे थकी हारी सी दम घुटता इस शहर में
रास्ते थे साथ चले बनके हम हमसफर
मंज़र अलग हुआ हम रह गये इस मोड़ पे
वादा था साथ निभायेंगे ज़िन्दगी के सफर में
वादे सभी तोड़ दिये मुझे सफर मे अकेला छोड़ के
तनहा कैसे सफर करे ज़िंदा हूं नही ज़िन्दगी की लहर मे
लगती सांसे थकी हारी सी दम घुटता इस शहर में
सफर में है हम चले ज़िन्दगी भी रुठी है
धूप से खफा हुइ टहनी पेड़ से टूटी है
पानी ना उतरे इस बढ़ती हुइ प्यास मे
जिस्म टूटा हुआ पड़ा है रूह मेरी भूखी है
भूख प्यास मिट जायेगी वाकी वचे एक घूंट ज़हर में
लगती सांसे थकी हारी सी दम घुटता इस शहर में

20. दिल के शहर में

दिल को छोड़ा तेरे दिल के शहर में
बेगाने से लगने लगे हम अपने घर में
सुबह हो कोइ है साथ में क्यूं लगे
बातें भी अकेले में होने लगी शामों सहर में
दिल को छोड़ा तेरे दिल के शहर में
होता क्यों है यह किसी से अजनबी से
प्यार मोहब्बत के बारे इतना जानते नही
दुआ भी क्या मांगे इस दिल के लिए
खुदा को भी तो हम मानते ही नही
मिलेगा हमें या मिलेगा ही नही
सब बातें है बक्त की
में अपने घर में हूं वोह है अपने घर में
दिल को छोड़ा तेरे दिल के शहर में
काश वोह फिर मिले जहां राहें मिली थी
दोनो थे मुसाफिर पल भर की मुलाकात थी
वोह अपनी मंज़िल की ओर में अपनी मंज़िल की
जो दोनो में हुआ बातें सभी इतफाक ही थी
घर से दोनो निकले हुए थे हम मुसाफिर
वोह मुसाफिर मैं भी मुसाफिर
उसका अपना मंज़र मै अपने मंज़र में
दिल को छोड़ा तेरे दिल के शहर में

21. देखे जो ख्वाब

देखे है जो ख्वाव आंखो में टुटने लगे है
अपनो से बने फासले इस कदर रुठने लगे है
मौसम है बारिश का बरसने लगी बुंदे
आंखो से बहते दरिया दिल के सुखने लगे है
बुनते बुनते रह गये अधुरे है
देखे जो ख्वाव वोह टुटने लगे है
खिलती है धुप आती है शाम भी
दिन दोपहरी भी गुज़रती है तनहा ही
खामोश रातें आती जागते हम भी
ख्वावों में ख्वावों से वातें होती हर लम्हा ही
बाहारें क्या हवाओं की धुल सी हुई है
आंखो को छुके इनमें चुभने लगे हे
पानियों से हमने धो लिए सारे है
देखे जो ख्वाव वोह टुटने लगे है
तिनको को वंटोरा फिर मिला है वसेरा
घर लौट आते थे पहर से जो हो अंधेरा
नज़र कोई आया नही खाली हुआ घरोंदा
हमसफर बने थे अब रहा सफर मेरा
चल दिये है सब छोड़ कर रास्तो मे
अपनी रहगुज़र को परछाईयों मे ढुंढने लगे है
रहे न उनके हम न वोह हमारे है
हीजर की आग मे घर फुंकने लगे है
देखे जो ख्वाव वोह टुटने लगे है

22. दो मोड़ आये सफर में

सफर मेरा था साथ हमसफर का नहीं

दो मोड़ आये सफर में राहें भी बंटी

एक रास्ता था मेरे हमसफर का

दूसरा जाता था जिसकी मुझे तलाश थी

दोनो मुझको बुलाती वैठी थी दूर खड़ी

दो मोड़ आये सफर में राहें भी बंटी

ख्वाव थे आंखो में आसमान में उड़ने के

ज़मीन से नापते रहते आसमान की ऊँचाई

ख्वाव टूटे तो गिरते थे ज़मीन की माटी में

आंखे मुंदे रहती होती सामने अपनी सच्चाई

सपनों में जिये या हकीकत में ही रहे

रहते है सताये मुझको भी हर घड़ी

दो मोड़ आये सफर में राहें भी बंटी

ज़िन्दगी जानी है तो मौत भी है आनी

ज़िनदगी न अपनी न मौत होती वेगानी

राहें ज़िन्दगी का होती है कितने लम्हों की

मौत पे आके ही राहें भी थम जानी

किसको अपना मानू सोचों पे ही रहते

परेशान मंज़र पे वैठी सांसे भी है थकी

दो मोड़ आये सफर में राहें भी बंटी

23. नशा - ए- ज़िंदगी

ज़िंदगी नशा है ज़िंदगी मज़ा है

ज़िंदगी के ख्वावों में जो ख्वाव न मिले

जिंदगी लगती सज़ा है

कभी दम तोडती , सांह से सांह को जोड़ती

पाती से शाख का रिश्ता वजह वहती हवा है

ज़िंदगी नशा है ज़िंदगी मज़ा है

दुनिया में आये है तो जीना है

नशा ए जाम दो घूंट पीना है

मौसम ज़िंदगी के आते जाते रहते

पतझड़ो का बसेरा होता यहां

खुशनुमा आता सावन का महीना है

कभी सुखे में रहते तरसते पीने को

कभी बरसती रहती छत ना मिले छुपने को

क्या दासतां इसकी क्या इसकी रज़ा है

हमें कहां मालुम कल में होना क्या है

ज़िंदगी नशा है ज़िंदगी मज़ा है

कल याराना बना कहीं आज टुटा याराना है

जाना था उसको रहता कोइ फसाना है

हमसफर बनते रहते है बिछड़ते रहते है

जिस मोड़ पे बिछड़े उसे जाने दो

राहें मुड़ती रहती और राहों से जुड़ते रहते है

हमसफर आज था कल नही होगा साथ में

तनहाई में परछाई से खामोशीयों की बात में

खामोशी में रहना ही ठीक किसी से कहना क्या है

बिछड़े यार है न साथ हमसफर का यहां है
ज़िंदगी नशा है ज़िंदगी मज़ा है
मौत को आना है आग लगेगी या दफन होना है
आज कितने लिवास पहने कल एक कफन होना है
जीना है दो पलों का आज का नही कल का क्या पता
मना लो उन्हे दिलों से जो हुए है खफा
रुठे हुए आज कल शायद लौट ही न आये
की जो वफा उनसे कहां ढूंढोगे उनका पता
वो चले गया आयेंगे लौटकर फिर नही
कल का इंतज़ार नही अभी कर लो सही
बक्त ठहरता ही नही किसी का इंतज़ार नही करता है
निशान मिट जाते है एक बार जो मरता है
ज़िंदगी नशा है ज़िंदगी मज़ा है

24. प्यार की बारिश

लगी प्यार की बारिश है
आओ इसमें हम भीग ले
बह जाये इन हवाओ में
बहने दे ना खुद को रोक ले
लगी प्यार की बारिश है
आओ इसमें हम भीग ले
दर्द होता है सांसो में
सुकून मिले है पल भर का
खुशियों मे भी आते है आंसू
दर्दों में भी पानी है बरसता
रिसती है मोहब्बत खारे पानी सी
मोहब्बत को आंखों से छलकने दे
लगी प्यार की बारीश है
आओ इसमें हम भीग ले
साथ बना है ज़िंदगी का
एक रात की यह वात नही
चलना है साथ इस सफर में
चंद लम्हों की यह मुलाकात नही
सफर का हमसफर बना ले
ज़िंदगी में मुझे साथ चलने दे
लगी प्यार की बारिश है
आओ इसमे हम भीग ले

25. भरे हुए जाम

भरे हुए जाम है हाथों में
पिये वैटे हम तो शामों में
किस्सा मेरा न कोई कहानी
ज़िक्र मेरा है गुमनामों में
भरे हुए जाम है हाथों मे
खाली लम्हे ठहरे है साथ मेरे
मगर कितनी यादें दिल में लिय है
शामों सैर तनहा रहती है मेरी
हम सफर मे यूं ही जिये है
वातें करते है हवाओं से
न कोई है मेरी पहचानों में
भरे हुए जाम है हाथों में
दुर है अपने फिर कैसे यह सपने
चुभते है आंखों में हुए धुंआ है
लौट आये फिर मेरी दुनिया में
जिऊंगा फिर से मेरी दुआ है
कबूल होगी नही मालुम है मुझे
यह तो रह जायेंगे मेरे अरमानों में
भरे हुए जाम है हाथों में

26. भुली बिसरी पुरानी

ख्वावों की दुनिया में सारे ख्वाव ही गुमनाम हुए

एक ख्वाव भी न अपना अपने ही अनजान हुए

रिश्ते नाते भुले हमें दुनिया तो थी ही बेगानी

कहां खोये अपने रिश्ते बेगानो के मेहमान हुए

अपनी कहानी है बेगानी भुली बिसरी हुई पुरानी

काग़ज़ों की स्याही फिकी धुंधली पड़ी वोह निशानी

अपनी कहानी है बेगानी भुली बिसरी हुई पुरानी

कश्ती को ले आयेंगे किनारे लहरों के सहारे

तुफान के उफान में लहरें उठी कश्ती डुब गयी

कभी वहां कभी यहां बोझ लहरों का सह न पाये

पानी की ठोकरों से ही कश्ती बिखर गयी

साथ माना था जिनका सहारा उन्होने कर दी बेईमानी

जब जाना था झोंका धोखे का हुई हमें भी हैरानी

अपनी कहानी है बेगानी भुली बिसरी हुई पुरानी

ख्वाव बोया सुखी जमीन में इंतज़ार में रहे बारिशों के

सांसो ने दम तोड़ा जमीन में दफन हुए संग ख्वाईशों के

मौसम मेहरबान हुआ ख्वाव सारे उजड़ गये खिल न पाये

फेरबदल के मुस्कुराने लगे वोह अपने आशियानों में

साथ में मुस्कुरा लेते कैसी थी बक्त की वोह परेशानी

हमें जुदा करना था मन की हमने भी न जानी

अपनी कहानी है बेगानी भुली बिसरी हुई पुरानी

27. मन ढूंढता है

मन ढूंढता है उसे जब वोह दर्दों से है गुज़रता
कोई तो भी न जाने क्या उसका है पता
राहों में भटकता कितने दरवाज़े है खटकता
कहां गुम है किधर है वोह रहता
तेरे ज़मीन के दर पर कोई दस्तक देता
कहता है हर दिवारों दर नज़र तो आ
नज़र तो आ कभी तू मेरे खुदा
नज़र तो आ कभी तू मेरे खुदा
भटका है आज फिर अपने मंज़र से
आवाज़ दी है दुआओं में सुनी होगी तूने
सौ राहें है ज़िन्दगी के हर मोड़ पे
एक बनायी मंज़िल क्यों राहें वुनी होगी तूने
तूझे भी तब है पुकारा जब है न साहरा
हौसला खत्म हो जाता है तेरे सिवा
कहता है हर रहगुज़र कोई राह तो दिखा
राह तो दिखा कभी तू मेरे खुदा
राह तो दिखा कभी तू मेरे खुदा
सांस अटकी है मांझ पड़ें पत्तों सी
कब हवा आयेगी ज़िंदगी यही थम जायेगी
इतनी चिताओं का वोझ लिये वैठी है कम्बखत
मेरे गुज़रने से किसी को मेरा दर्द दे जायेगी
कोई मेरा न हो दर्दों में जो वसर करे
रिश्तों की स्याही इतनी गाढ़ी न तू बना
आना है तेरे दर पे यहां से मेरा नामोनिशान मिटा

गेहर सिंह ठाकुर

नामोनिशान मिटा कभी तू मेरे खुदा

28. मन में धुएं सा उड़ रहा

चुप बैठा है कोइ बर्फ सा जुवान पे
मन में तो शाम के धुंए से उड़ रहा है
दरिया से दिखाइ दे रहे एक जगह ठहरे
नदियों के सहारे वहते हुए सागर से मिल रहा है
माना कच्ची रेशम की डोर है मोहब्बत की
कोइ सिरा धागे का उस मोहब्बत से जुड़ रहा है
चुप वैठा है कोइ बर्फ सा जुवान पे
मन में तो शाम के धुंए से उड़ रहा है
खाली होता है जब धुप खिलती है आँगन में
हवा भी रुखी रुखी लगती है बेजान पत्तो सी
राते आती है कोइ ख्वाव भी आता है उसका
पोटली खुलती है मेरे अरमान भरे खत्तो की
उन तक पहुंचता होगा या नहीं किसे खबर
ख्वावो के डाक से तार उन्हे भेज रहा है
चुप वैठा है कोइ बर्फ सा जुवान पे
मन में तो शाम के धुंए से उड़ रहा है
अरमान थे ज़िन्दगी हवा की तरह गुज़ारू
जब तक ज़िन्दा वोह रहे सांसे मैं भी भरुं
इतना फासला खुदा ने कर दिया हमारे दरमियां
मिट न पाया कभी मैं फासला कितना भी तय कर लूं
ज़िन्दा नही हो तुम जिस्म माटी का लेके सामने
रूह में शामिल हो तुम जो कभी मरके भी न दूर रहा है
चुप वैठा है कोइ बर्फ सा जुवान पे
मन में तो शाम के धुंए से उड़ रहा है

गेहर सिंह ठाकुर

29. मुझको भी घर वापिस आने दे

ओह माँ मेरी पंछी हूं तेरे माटी का
रहता हूं सरहदों के पैमाने पे
घर मेरा बसा है तेरी गोदी में
मुझको भी घर वापिस आने दे
गोलियो की आहटों मै सोते यहां
सांसे थमती है अब घबराने पे
आंगन मेरा है सूना यहां
तेरे आंगन में मुझको सो जाने दे
घर मेरा वसा है तेरी गोदी में
मुझको भी घर वापिस आने दे
मुझको भी घर वापिस आने दे

हंसता हूं यहां पर ज़िन्दगी हंसती नही
खाली खाली लम्हें जो कभी भरते नही
रोज़ रास्ते मे निकलते है चलने से डरते है
विना खून वहे यहां दिन गुज़रते नही
खुशियो की खिलकारी यहां खिलती नही
नफरतों के सिवाये यहां कोइ मिलते नही
आंखे नम रहती शोक के साये है
थोड़े खुशी के आंसू भी वह जाने दे
थोड़ी सांसे वची है थोड़ी वातें वची है

अपने से मिलके मुझे भी कह जाने दे
घर मेरा वसा है तेरी गोदी में
मुझको भी घर वापिस आने दे
मुझको भी घर वापिस आने दे
यादें आती है जान निकल जाती है
खुशवू हवाओं में उड़के इधर आती है
अपनों का साया न मिलता यहां
बेगानों से ज़िन्दगी यहां भर जाती है
पांव के नीचे ज़मीन थर थर कांपती
ज़िन्दा होके भी सांसे मर जाती है
तेरी माटी में वने कबर मेरी
नदी किनारे मुझे जल जाने दे
मिल जाऊं तेरी मिट्टी में
मुझे सुकुन से आके मर जाने दे
घर मेरा वसा है तेरी गोदी में
मुझको भी घर वापिस आने दे
मुझको भी घर वापिस आने दे

30. मेरा था नहीं

मौसम बहारों का था जो मेरे लिए नही
ज़िंदगी में बेरुखी थोड़ी सी भी कम न हुई
भीगे है ज़मीन इस बारिश में भीगे हम भी
ज़िंदगी के प्यासे की प्यास खत्म न हुई
छोड़ दिया बारिश में भीगना जो देता था खुशी
उसके बिना ज़िंदगी में बेरुखी ही सही
मौसम बहारों का था जो मेरे लिए नहीं
रास्ते रुक से गये मंज़िले है ही नहीं
लोग कितने निकले राहों से हम थमे वहीं
पुछे जो हाल हमसे कहते खुश है
बाहरी खुशी दिखे अंदर के खालीपन दिखते नहीं
ढुंढते ढुंढते कितने रास्ते तय कर लिए
राहगीर की राहें भी तो खत्म न हुई
रास्ते कितने थे उनकी मंज़िले थी नहीं
उसके बिना ज़िंदगी में बेरुखी ही सही
मौसम बहारों का था जो मेरे लिए नहीं
चैनों सुकुन ज़िंदगी में कहां भागी डरी सी है
खुशियों के झरोखें गमो में लिपटे पड़ी सी है
ताने लोगों के मिलते वेबजह खुद से क्या लेना देना
लोगों को समझाते क्या यह खुद से लड़ती ही रही है
सुकुन अब आया जब सांसा मेरी थम है गयी
कितने सालों बाद सुकुन से ज़िंदगी है मेरी सोयी
मौत मेरी हुई हां ज़िंदगी न सही
उसके बिना ज़िंदगी में बेरुखी ही सही

गेहर सिंह ठाकुर

मौसम बहारों का था जो मेरे लिए नहीं

31. मेरे यार कहाँ

परछाइयों में झलक रही इतने उदास है
कहाँ वोह शोरखाना यारों का बिखरा पड़ा यहाँ
मेले लगे है लोगो की भीड़ के झमेंले आसपास है
मुलाकात हो जिस मोड़ पे रास्ता छुटा वहां
कल साथ में थे हम सपनो के
आज हम कहाँ मेरे यार कहाँ

नशे में नशा ही नही नशा ज़हन में चढ़ता ही नही
खाली हुए कितने जाम एक और भर लिया है
यार भाये मन को सिवाये उनके कोई भाता ही नही
खाली जगह दिलों में उनकी ही वाकी सारा खाली कर लिया है
मैखाने सामने यार बुलाये मुझे बेकार सी लगे
यारों के साथ होती जो महफिल अब वोह कहाँ
आज हम कहाँ मेरे यार कहाँ

घर लौटे तो इस फकीर की गली में भी आ जाना
गले लगाकर रो लें आखें खुशी की हम भी भर ले
माना माॅ-बाप इंतज़ार में थे इतने सालों से चले जाना
यार कभी बोले नहीं हम भी थोड़ा मुस्कुराकर मर लें
आखरी अलविदा यार न करें मरना बेबक्त सा लगे
मुस्कराता यार हमें कांधा दे किसी का नसीब वोह कहाँ
आज हम यहाँ , मेरे यार भी यहाँ

32. मौहब्बत में पागल

गुज़रे है लम्हे किसी की यादों मे
वेकरार रहते है हर शामों मे
दिन में किसी के ख्वाव आते है
जागते रहते है खाली रातों मे
प्यार के अफसाने बनने लगे है
मौहब्बत में पागल हम भी हुए है
पानी बने बादल बदलियां यह बूंदें हुई
याद उनकी आये जब मुझे यह छुए
चेहरे की झुरियां मुस्कुराने लगी है
खामोशियों में उनको सुनने है लगे
एहसास बूंदों का मीठा चाश्नी सा
प्यार की चाश्नी मे हम भी घुले हुए है
मौहब्बत में पागल हम भी हुए है
रोकुं इन्हे नहीं रुकती कभी यहाँ
हवाओं सा पास आके छुके गुज़रती
सांसों की आहटो से शोर करे है मन
धड़कने रूक जायेगी अगर यह है थमती
मिलेगे कभी किसी मोड़ पर बाते होगी
अरमानो के सागर मन में भरे हुए है
मौहब्बत में पागल हम भी हुए है

33. यह ज़िंदगी...

जाने कहां रखने लगी यह ज़िंदगी

जो थी तेरी मेरी थोड़ी सी खुशी

फिसलने लगी है जैसे मुट्ठी में रेत हो

जाने न क्यों गमों में है ढलने लगी

कहां मेरी खुशी कहां तेरी

अब कोई रहे माइने ही नही

जाने कहां रखने लगी यह ज़िंदगी

सफर में हम थे हमसफर तुम थे

अच्छे थे जितने थे चाहे वो कम थे

बिछडने लगे है कोई सांसे रोके हो

आंखे नम तेरी हम भी चुप गुमसुम थे

दोबारा होंगे नही हमसफर जो थे कभी

मंजिलो का क्या राहें ही खोने लगी

जाने कहां रखने लगी यह ज़िंदगी

क्या बात थी कितने शिकवे गिले लिए बैठे

हमने बाते नही की तुम भी थे यूं रुठे

तेरे रिश्तों से नये रिश्ते जुड़ने लगे

मेरे नाते तो मेरे दिल से ही है टुटे

मैखाने में दिल को ज़िंदगी जोड़ने लगी

धीरे धीरे सांसे ही मुझे है छोड़ने लगी

जाने कहां रखने लगी यह ज़िंदगी

खत्म होने लगी जिंदगी है जो

थोड़ी बाकी है कुछ पल को लौट आओ

कुछ बाते कहने को है कुछ राते सोने को है

सांसे बुझने से पहले थोड़ा हम थोड़ा तुम मुस्कुराओ
गुज़र जायेंगे हम गुज़र जायेगा यह लम्हा भी
भुला दो गिले शिकवे सभी फिर न मिलेंगे कभी
धीरे धीरे खत्म होने लगी यह ज़िंदगी

34. यह वक्त है

खुशी में झुम ले, दिल को बहला ले
यह वक्त कभी नहीं ठहरेगा यहाँ
कल के सफर में रास्ते तनहा होंगे
किसको पता यह महफिल फिर बनेगी कहाँ
खुशी में झुम ले , दिल बहला ले
यह वक्त कभी नही ठहरेगा यहाँ
मां-बाप यार दोस्त पिछे छुटेंगे,
उनसे जो मिली खुशी वोह कहाँ पायेंगे
दुनिया बेगाने से भरी खुशी लुटने के लिए
इन्ह रिश्तों को निभा, किसी दिन खुद ही टुट जायेंगे
ज़िंदगी की दौड़ में कब आगे निकल जायेंगे
ज़िंदगी के सफर में हमेशा साथ कोई न रहा
खुशी में झुम ले दिल बहला ले
यह वक्त कभी नहीं ठहरेगा यहाँ
कितना कमाया ज़िंदगी में हिसाब क्या मांगे
क्या निभाया यही कल गिनायें जायेंगे
आज लुटा देंगे कल को बनाने में
कल क्या हुआ सब भुलायें जायेंगे
मोहब्बत दफन कर लेते दिल में
मौहब्बत में मिलती है शौहरत कहाँ
खुशी में झुम ले दिल बहला ले
यह वक्त कभी नहीं ठहरेगा यहाँ
मंजिल मिलेगी या हस्ती मिट जायेगी शमशान में
दूर से सभी देखेगे घर बनेगा जो आसमान में

तारों में गिना जायेगा किसी प्यार से
फिर मिल जायेंगे रह जायेंगे इसी अरमान में
कल किसी ने देखा नही, कौन कही हम कहीं
कल के जहां में रहेंगे खाली कुछ निशां
खुशी में झुम ले दिल बहला ले
यह वक्त कभी नहीं ठहरेगा यहाँ

35. वेबकूफ़ दिल

वेबकूफ़ होता है दिल
चुटकियों में बुधू है वनता
जाता जिस राह में भी
खुशियों के वहाने है ढुंढता
सौ ख्वाव देखता है
एक टुटे फिर रोता है
ख्वावो को पलको पे रखके
चैन की नींदे सोता है
खुद परेशान होके
औरों को परेशान है करता
वेबकूफ़ होता है दिल
खुशियों के वहाने है ढूंढता
कोइ जब इसको डांटे
तो बेचारा बनता है
कोइ गम का हो मारा
उसका सहारा वनता है
जब छाये खुद पे उदासी
कोने में छुपा रहता है
बातें करता खामोशी में
सवसे रुठा रहता है
कितनी है इसमें नादानी
हर पल बच्चा है बनता
वेबकूफ़ होता है दिल
खुशियों के वहाने है ढूंढता

समझा वुझा के रखते इसको
कुछ पल में मनमानी करता है
हर कोइ अपना वनाये इसे
बीमारी यह खानदानी रखता है
जितना प्यार उतना बड़ा है
इतना ज़िदी है सर पे चढ़ा है
कोशिशें कर लो कितनी भी
मानता नही ज़िद पे अड़ा है
सम्भले से सम्भलता नही
देखो जहां फिसलता है रहता
वेबकूफ़ होता है दिल
खुशियों के वहाने है ढूंढता

36. सच है नहीं

जो सामने है झूठ लगता है

जो ख्वावों में है सच है नहीं

जो सुन रहा धड्कनों में जो दिख रहा आंखों में

कैसे वहमों में ज़िन्दगी गुज़र रही

जो सामने है झूठ लगता है

जो ख्वावों में है सच है नहीं

मिलके ख्वावो से उड रहे हम

ज़मीन पे आके क्यों बिखर रही

आंखे खुली तो सब खोया है

खुशियों की ज़िन्दगी किधर गयी

ढुढां है राहो मै पुछ रहे वहारों से भी

कितना तलाशा मिली ही नहीं

जो सामने है झूठ लगता है

जो ख्वावो में है सच है नहीं

चलते रहते है किनारे पे ही

डर लगता है बीच मझधार पे

रुक जाता हूं दो पल को

आखें न खुले अधूरे ख्वाव से

सच झूठ के सिलसिले तिनके से है फासले

उड़े जो तिनके हम पहचाने ही नहीं

जो सामने है झूठ लगता है

जो ख्वावों में है सच है नहीं

37. सफर की गाड़ी

आराम सी कहाँ रहती है ज़िंदगी

परेशान सी ही बैठी है ज़िंदगी

कहाँ चली कहाँ ठहरी किस मोड़ से गुज़रे

न जाने कहाँ रुके गाड़ी मेरे सफर की

न जाने कहाँ रुके गाड़ी मेरे सफर की

अपनो में है रहती है बेगानो में भी

तोलती रहती है मैखानो के पैमानो में भी

रिश्तो के मांझी से पतवार है टुटी हुई

खुशी गर्मों की महफिलों में टुटे हुए आईनों में भी

ढुंढे सहारा है किसी दूर किनारे से

किनारे दूर हुए हाथ रहते खाली ही

भरे जो जाम भरी महफिलो में

भरे जाम भी रहते खाली ही

न जाने कहाँ रुके गाड़ी मेरे सफर की

ख्वाव टुटे कितने ख्वाव बने भी कितने

आंखो के अंदर पलते रहे ज्यादा हुए छलकते रहे

मालुम कहाँ था पुरे होंगे या अधुरे

बादलों में लिखे कुछ दिखे बाकी मिटते रहे

जो हुआ वोह हुआ ख्वावों को बुनना था

जो देखा नही ज़िंदगी में सच हुआ वोही

ज़िंदगी ने जो दिया सच ही था

ख्वावों की दुनिया लगती है कहीं खोयी

न जाने कहाँ रुके गाड़ी मेरे सफर की

मेरे सफर का हमसफर बना ही नही

जिसको माना उनसे भी कहा ही नही
संग था जब किसी का कदर की कहाँ
जब चाहा ठहरे कुछ लम्हा भी रहा ही नही
मांगू क्या अब मेरे पास ही बक्त कहाँ
ज़िंदगी भी बीती यादें के सहारे जी रही
सांसे थकी हारी धड़कने थम गयी
काँधों के सहारे अब चल है पड़ी
खत्म हुई ज़िंदगी रुकी गाड़ी मेरे सफर की

38. सितारें

गर्दिशों में जो सितारें है
होती इनकी कहानी अजीब है
टुटते देखे मांगे हम दुआएं
गम ए ज़िंदगी के सितारें बदनसीब है
दिल के रिश्ते जिनसे जोड़े
खोये कभी न लौटे न तोड़े
आसमानों में बसा लेते डेरा अपना
हमसफर है नहीं सफर न छोड़े
फासले हे इनसे मीलों बर्षों का
रातों को तनहा देखे रहते करीब है
गर्दिशों में जो सितारें है
होती इनकी कहानी अजीब है
शामों में दिखे सुबह में ओझल
दिन रात का बना ताना बाना है
कभी बारिशें कभी धुप है
बादलों के साये में छुप जाना है
आते नज़र फिर आंखों में
यादों के बने हुए रकीब है
गर्दिशों में जो सितारें है
होती इनकी कहानी अजीब है

39. है नहीं

एक सफर में था जो
वोह मेरे सफर में है नहीं
आंखो में छुपी जो थी खुशी
वोह मेरी नज़र मे है नहीं
है नही मेरी ज़िंदगी में
कुछ भी कुछ भी है नहीं
जितने सितारें आंखो के नज़ारे
तुम मिले जो सभी हुए हमारे
ओझल हो गये कबसे देखे नही
बारिशों में टूट गये है वोह किनारे
गुम हुए कहां ढूंढ न पायें
कैसे देखे दोवारा उनकी खबर है नही
है नही खबर है नहीं
रास्तों में कितने राही है मिले
माना उन्हे सफर में गुज़र जाना है
यादों में वोह बने, साये सा साथ रहे
भुलें उन्हे जो होता मुश्किल भुल जाना है
दिल चाहें वोह लौट आये कहीं से
मरके जो लौटे ऐसी कब्र है नही
कब्र है नहीं

40. ज़िन्दगी का सफर

मैं राहों में रहता मुसाफिर
किस डगर में है मेरी रहगुज़र
चलते है अकेले खामोशी में
हमसफर जो मिले सफर में
खुशियो में कटेगा यह सफर
पूरा हो जायेगा ज़िन्दगी का सफर
ज़िंदगी का सफर
रातों में बैठके तारें गिनते
येही तो मेरे साथ है रहते
मैं कितनी बातें करता इनसे
यह मुस्कुराते चुप है रहते
सो जाता मैं इनको देखकर
साथ इनके होता मेरा वसर
धूप आती यह गुम हो जाते
मैं फिर से शुरू करता अपनी डगर
पूरा कर जाऊं मैं ज़िन्दगी का सफर
यार हमारे कभी मिलें राहो में
यादों मे रहेगे वोह उम्र भर
रिश्ता जो बनो प्यार का उनसे
निभायगें जब तक है सांसो का सफर
सांसे मिली ज़िन्दा है धड़कन
इनको भी रुक जाना है किसी राहपर
निशान मिटे माटी मे घुल जायेंगे
यादों में रहेगे ज़िन्दगी भर

सबको अलविदा पूरा हुआ ज़िन्दगी का सफर

सबको अलविदा पूरा हुआ ज़िन्दगी का सफर

www.ingramcontent.com/pod-product-compliance
Lightning Source LLC
Chambersburg PA
CBHW022108150726
47990CB00003B/1281